Paulus Vennebusch

OPA

für Einsteiger

arsEdition

Erst bei den Enkeln ist man dann soweit, dass man die Kinder ungefähr verstehen kann.

Erich Kästner (1899 – 1974), deutscher Schriftsteller

Na, Opa?

Geben Sie es zu: Noch vor kurzer Zeit wären Sie Ihrem Gegenüber bei einer solchen Begrüßung empört an die Gurgel gegangen. Zumindest aber hätten Sie die Bezeichnung „Opa" als grobe Beleidigung empfunden. Heute bewirkt die gleiche Aussage vermutlich, dass Sie voller Stolz und Zustimmung nicken und jedem unaufgefordert die 250 schönsten Fotos Ihres Enkelkindes unter die Nase halten. Als Großvater bleibt eben nichts, wie es vorher war! Darum auch von hier ein herzliches:

Hallo, Opa!
Und herzlich willkommen im neuen Leben!

Wer bin ich?

Als frischgebackener Opa haben Sie nicht nur die Gelegenheit, den Lebensweg Ihres Enkelkindes aktiv mitzugestalten, Sie können auch Weichen für Ihre eigene Zukunft stellen! Zumindest können Sie bestimmen, wie Sie später von Ihrem Enkelkind genannt werden. Entscheiden Sie sich schnell, denn wenn es erst mal sprechen kann, ist es zu spät! Wie soll das Kind Sie also rufen: „Superman"? „Hochwürden"? Oder doch lieber was Klassisches?

Wie Enkel ihre Großväter nennen:

Großvater (konservativ, respektvoll)
Opa (handfest, volksnah)
Opi (vornehm, hochnäsig)
Achim, Egon, Karl … oder wie auch immer Sie heißen
(modern, auf Augenhöhe)
Alter (antiautoritär, unverschämt)

Und das sagt man anderswo zum Großvater:

Neni (Schwiizerdütsch)
Morfar (Vater der Mutter), Farfar (Vater des Vaters)
(Schwedisch/Dänisch)
Nonno (Italienisch)
Abuelo (Spanisch)
Büyükbaba (Türkisch)

Als Opa ist man immer im richtigen Alter!

Man kann zu jung sein, um Pfeife rauchend auf der Parkbank zu sitzen und Enten zu füttern. Oder zu alt, um sich von einer Festivalbühne aus in die Menschenmasse zu stürzen. Mit 20 gewinnt man keinen Nobelpreis und mit 60 keine Tour de France. Für viele Dinge im Leben gibt es so etwas wie „das richtige Alter". Aber als Opa sind Sie IMMER im richtigen Alter – egal, ob Sie 40, 60 oder 80 Jahre alt sind!

„Mama, Papa – wir bekommen ein Kind."

Wenn zukünftige Großeltern in Deutschland diesen Satz zum ersten Mal hören, sind sie im Durchschnitt 52 Jahre alt. 45 % der deutschen Großeltern sind beim ersten Enkelkind zwischen 50 und 60 Jahre alt. Weitere 35 % sind zwischen 40 und 50. Aber natürlich gibt es auch Frühstarter (2,9 % sind bei der Großeltern-Premiere unter 40) und Spätberufene (jeder fünfte Erstlings-Opa ist über 60). Egal zu welcher Altersgruppe Sie zählen: Das Abenteuer „Opa" ist für alle neu, spannend und wunderschön!

Opa-Rekorde

Als **Samuel S. Mast** aus Fryburg, Pennsylvania (USA), am 15. Oktober 1992 starb, hinterließ er sage und schreibe **824** lebende Nachkommen: **11 Kinder**, **97 Enkel**, **634 Urenkel** und **82 Ururenkel**. Der Altersdurchschnitt bei seiner Beerdigung war demnach so ähnlich wie bei einem Justin-Bieber-Konzert.

Die Geburt des ersten Enkelkindes machte Shem Davies zu einem der jüngsten Großväter Großbritanniens: Als 2011 seine Enkeltochter Ava Grace zur Welt kam, war Davies gerade mal 29 Jahre alt. Beinahe wäre er der erste Opa gewesen, der selbst noch Anspruch auf Kindergeld hat.

An den **Vorfahren** kann man nichts ändern, aber man kann mitbestimmen, was aus den **Nachkommen** wird.

François de La Rochefoucauld (1613 – 1680), französischer Literat

Auf zu neuen Ufern!

Vielleicht haben Sie einen Baum gepflanzt.

Eventuell haben Sie ein Haus gebaut.

Mit Sicherheit aber haben Sie ein Kind gezeugt (denn sonst wären Sie jetzt nicht Großvater).

Sie haben in Ihrem Leben also schon eine Menge erreicht, und doch liegt vor Ihnen eine Zeit voller neuer Abenteuer. Denn es ist enorm, zu was kleine Kinder in der Lage sind. Ihr Enkelkind zum Beispiel wird anfangs mit seinen winzigen Händchen noch nicht mal dieses Buch hochheben können. Andererseits gelingt es ihm vom ersten Tag an ohne Mühe, Ihr gesamtes Leben umzukrempeln!

Ihr Kinderlein, kommet ...

Was waren Sie froh, als der eigene Nachwuchs endlich auf eigenen Beinen stand! Nie wieder Windeln wechseln, Pumuckl-kassetten hören, Fieber messen, Hausaufgaben kontrollieren und über den Verlust von Sandkastenschäufelchen, Milchzähnen und großen Lieben hinwegtrösten müssen. Es ist schon eigenartig, dass Sie jetzt überglücklich sind, das Ganze noch einmal erleben zu dürfen, oder? Aber heute liegt ja auch eine komplette Generation zwischen Ihnen und den Kleinen. Als Vater mussten Sie damals bis vier Uhr morgens wach bleiben, bis das Kind endlich aus der Disco heimkam. Als ohnehin unter seniler Bettflucht leidender Opa sagen Sie sich heute:

„Egal, vor fünf Uhr morgens wär ich eh nicht eingeschlafen.

Da lacht der Enkel

Der Opa zeigt seinem Enkel, wie man mit Grashalmen Musik machen kann, und steckt diese zwischen die Zähne. Da strahlt der Enkel:

„Hurra, wir kriegen ein neues Auto!"

Der Opa will erstaunt wissen, wieso der Enkel das denkt:

„Na, Papa meinte, wenn der Opa ins Gras beißt, leisten wir uns ein neues Auto!"

Achtung, Opa!
Das erwartet Sie als Großvater

Was Kinder betrifft, sind Sie selbstverständlich absoluter Fachmann. Schließlich haben Sie Ihren Nachwuchs bereits erfolgreich großgezogen. Aber: Das alles ist schon ein paar Jährchen her. Seitdem haben sich eine Menge Dinge geändert. Und darauf sollten Sie vorbereitet sein. Denn nichts ist peinlicher, als wenn der ahnungslose Großvater der Zahnfee die Tür vor der Nase zuknallt, nur weil die damals noch nicht in Amt und Würden war!

Was heute anders ist:

TV:

Ihre Kinder hatten vorm Fernseher kaum mehr als die Wahl zwischen „Sesamstraße an" und „Sesamstraße aus". Heute gibt es hingegen 15 deutschsprachige Fernsehsender nur für Kinder, zehn von ihnen senden sogar rund um die Uhr! So ein Pensum steht selbst das Sandmännchen nur auf Koks durch!

Sicherheit:

Was haben Kids damals geblutet! Wer ohne Schrammen und Wunden vom Spielen nach Hause kam, der hatte offensichtlich einen verdammt langweiligen Nachmittag verbracht. Der Ritterschlag unter den „Auas" war das legendäre „Loch im Kopp"! Doch das ist längst Geschichte. Heute dürfen Kinder nur mit Helm, Ellbogen-, Knie- und Handschützern raus – selbst wenn sie nur den Müll runterbringen!

Ernährung:

Fischstäbchen, Pommes, Eis, Limo. Das waren die vier Säulen der perfekten Kinder-Ernährung von den 60ern bis weit in die 90er-Jahre. Heute wissen wir: Kinder brauchen Vitamine, Vollkorn, Eisen, fettarme Speisen. Die bekommen sie auch – vor den Eltern. Sie als Opa sorgen bitte für die nötigen Rationen Fischstäbchen, Pommes, Eis und Limo.

Spielzeug:

Früher war es einfach: Zwei leere Konservendosen und ein bisschen Kordel – fertig waren die Dosenstelzen, und der Sommer war gerettet! Heute sieht es so aus: Entweder Sie setzen auf pädagogisch und biologisch wertvolles Spielzeug. Oder aber Sie greifen zur schweineteuren Vollplastik-Spielkonsole aus Fernost. Wenn sich dann empört wird, können Sie immer noch sagen: „Immerhin ist darin kein Tropenholz verbaut!"

Erst wenn man genau weiß,
wie die Enkel ausgefallen sind, kann man beurteilen,
ob man seine Kinder gut erzogen hat.

Erich Maria Remarque (1898 – 1970), deutscher Schriftsteller

Quod licet Opi, non licet Papi*

(Frei nach Terenz: „Was Opa erlaubt ist, ist Papa nicht erlaubt.")

Als Vater mussten Sie hin und wieder streng zum eigenen Nachwuchs sein, Ermahnungen aussprechen oder sogar Verbote erteilen. Als Opa brauchen Sie das nicht mehr zu tun. Bei Ihnen hat Ihr Enkelkind Narrenfreiheit und darf all das tun, was es bei den Eltern nicht darf! Zum Beispiel:

Lange aufbleiben,
Wände bemalen,
stundenlang fernsehen,
Süßigkeiten essen,
Cola trinken,
beim Zähneputzen schlabbern
… und Oma ärgern.

Das Einzige, was streng verboten ist: Papa und Mama verraten, dass Opa es erlaubt hat!

Do you speak Enkelish?

Ihr Enkel ist ein wunderbares Wesen, dem Sie all seine Wünsche von den Augen ablesen wollen. Müssen Sie auch. Denn verstehen werden Sie kaum etwas, wenn das jüngste Familienmitglied den Mund aufmacht. Und wenn Sie glauben, dieses Problem erledigt sich von selbst, sobald das Kind sprechen lernt, dann haben Sie sich geirrt: „Enkelish" bleibt für viele Opas lebenslang eine Fremdsprache! Also tun Sie etwas dafür, Ihr Enkelkind besser zu verstehen. Pauken Sie Vokabeln!

Wörterbuch Enkel-Opa

0 bis 1 Jahr

Rääääääh: Ich habe Hunger, Durst oder bin müde.

Bääääääh: Ich habe Durst, Hunger oder bin müde.

Wääääääh: Ich bin müde, habe Hunger oder Durst.

Nääääääh: Du stehst auf meinem Teddy.

Määääääh: Es ist alles in Ordnung – ich wollte nur gucken, ob du noch aufpasst.

Döööööööh: Oma hat angerufen. Du sollst auf dem Heimweg an der Reinigung vorbeigehen und ihren Regenmantel abholen.

Wörterbuch Enkel-Opa

1 bis 2 Jahre

A-A: Ich brauche eine frische Windel.

Aua: Ich habe mir wehgetan.

Bah: Das mag ich nicht.

Opa llle sett: Opa, ich habe mich auf deine Brille gesetzt.

Didubimadifebeding: Gibst du mir bitte mal die Fernbedienung?

Wörterbuch Enkel-Opa

3 bis 8 Jahre

iPod: stylishes Hörgerät mit Musikspeicher

Krass: famos

Cool: famos

Fett: famos

Übelst: famos

Endgeil: famos

Bushido: Heino

Da lacht der Enkel

Opa führt seine zwei Enkel durch den Zoo. Vor den Störchen erklärt er:

„Und das hier sind die Tiere, die euch eure kleinen Geschwister gebracht haben."

Der eine Junge stößt den anderen in die Seite:

„Aufklären oder doof sterben lassen?"

Ich habe nicht die leiseste Ahnung davon gehabt, dass in einem fünfmonatlichen Kinde so viel liegen könnte.

Charles Darwin (1809-1882),
britischer Naturforscher

Schlag nach bei Opa-Pedia

„Wie kommt das Salz ins Meer?"

„Warum fällt die Sonne nicht vom Himmel?"

„Warum kriege ich kein drittes Eis?"

Kinder sind neugierig. Sie wollen alles ganz genau wissen und fragen deshalb von morgens bis abends. Und zwar jeden. Vor allem aber vertrauen sie auf den jahrzehntealten Wissens- und Erfahrungsschatz des Großvaters. Enttäuschen Sie die Kleinen also nicht und haben Sie stets die richtige Antwort parat. Zum Beispiel auf typische Kinderfragen wie diese:

Warum ist die Banane krumm?

Bananen entstehen aus den Blüten der Bananenpflanze. Anfangs wachsen sie – von Blättern bedeckt – im Dunkeln Richtung Boden. Später fallen die Blätter ab und die Früchte wachsen zum Licht. Dadurch bekommen sie ihre krumme Form.

Wie heißen die Zehen zwischen großem und kleinem Zeh?

Sie heißen natürlich nicht Zeige-, Mittel- und Ringzeh, sondern tragen lateinische Bezeichnungen. Zwischen Hallux (großer Zeh) und Digitus minimus (kleiner Zeh) befinden sich die Zehen Digitus pedis II, III und IV.

Wie kommt es, dass einzelne Socken in der Waschmaschine verschwinden und nie wieder auftauchen?

Äh...,frag Oma!

Geschichten aus einem anderen Universum

Natürlich sind Sie noch nicht wirklich alt. Doch egal, wie jung Sie sich fühlen – für Ihr Enkelkind sind Sie so etwas wie ein Zeitreisender aus einer fernen Welt ohne Internet, Bio-Gurken und „Bob der Baumeister". Stellen Sie sich also darauf ein, dass Ihr Enkel früher oder später mit diesem Wunsch auf Sie zukommt: „Opa, erzähl mir was von früher!"

Wetten, dass auch Sie sich mit dieser Frage an Ihre Großeltern gewendet haben? Auch Sie wurden garantiert nicht müde, zum 50. Mal zu hören, wie Opa als Weihrauch schwenkender Messdiener in Ohnmacht gefallen ist oder wie Oma einmal beinahe mit Franz Beckenbauer geknutscht hätte.

Jetzt sind Sie dran: Nutzen Sie die Zeit und legen Sie sich Ihre schönsten Anekdoten und Erlebnisse zurecht. Sie müssen ja nicht unbedingt wahr sein …

Da lacht der Enkel

Der kleine Maximilian freut sich über die Wasserpistole, die ihm sein Opa zum Geburtstag geschenkt hat. Froh läuft er zum Waschbecken, um sie aufzufüllen. Seine Mutter ist weniger erfreut darüber:

„Papa, hast du etwa vergessen, wie sehr du diese Dinger immer gehasst hast?"

Da schmunzelt er und meint:

„Nein, das habe ich nicht vergessen…"

Opa, schenkst du mir ein Pferd?

Geschenke sollen Freude machen. Darum schenken Opas ihren Enkelkindern besonders gern etwas. Und die Kleinen freuen sic garantiert darüber!

Bei den Großen herrschen jedoch unterschiedliche Meinungen darüber, was gut für die Kinder ist und was nicht. Tatsächlich beklagt sich jedes dritte Elternpaar darüber, dass die Großeltern zu viel oder das Falsche schenken. Darum raten Experten sich gerade bei großen oder teuren Geschenken mit den Elter abzusprechen. Und zwar frühzeitig, denn wenn sich das neue Pony erst mal zwei Wochen auf Ihrem Balkon eingelebt hat, werden Sie es nicht mehr ohne Weiteres umtauschen wollen!

Das sollten Sie nicht ohne Absprache mit den Eltern schenken:

Haustiere

Computer/Fernseher

Geschenke, die für das Kinderzimmer zu groß sind (Billardtisch, Hüpfburg, Elefant)

Geschenke, die für das Kinderzimmer zu laut sind (Schlagzeug, Dynamit, Elefant)

Ferienhaus in Neuseeland

Garantiert alles richtig machen Sie, wenn Sie Ihrem Enkel etwas besonders Kostbares schenken: Ihre Zeit! Ein gemeinsamer Ausflug ist für Opa und Enkel ein unvergessliches Erlebnis! Und die Eltern freuen sich über ein paar kinderfreie Stunden.

Opa, gib mir die Kugel: Erste Hilfe 2.0

Natürlich ist Ihr Enkelkind bei Ihnen in allerbesten Händ... Sie hüten es wie Ihren eigenen Augapfel. Doch egal, wie gut Si... auf das Kleine achtgeben – irgendwann fällt es garantiert von... der Schaukel, wird von einer Biene gestochen oder fasst auf e... heiße Herdplatte. Falls Sie jetzt Salbe, Pflaster und Jod auspacken, outen Sie sich sofort als Erste-Hilfe-Neandertaler. Denn aktuell angesagten Helfer heißen Globuli: kleine homöopathisch... Streukügelchen, die sekundenschnell gegen alle denkbaren Weh... wehchen helfen. Wenn Sie also auf dem Spielplatz junge Mütte... beobachten, die untereinander verdächtige Substanzen aus kle...

nen Glasröhrchen tauschen, dann ist das kein Drogenhänd-lerring, sondern eine Erste-Hilfe-Maßnahme für den kleinen Malte, der sich gerade eine Sandschaufel ins Auge gerammt hat. Als fürsorglicher Opa sollten Sie sich also umgehend eine Auswahl der wichtigsten Globuli besorgen:

Schnittwunden, Verstauchungen: Arnica D4

Halsentzündung, Hautausschlag, Insektenstiche: Apis D6

Fieber, Erkältung, Kopfschmerzen: Belladonna D6

Verbrennung, Sonnenbrand: Calendula D3

Durchfall, Ohrenschmerzen: Chamomilla D6

Schmerzen und Verletzungen aller Art: Gummibärchen

Da lacht der Enkel

„Weil du so brav bist, darfst du dir aus der Tüte eine Handvoll Bonbons nehmen", sagt Opa Fritz zu seinem kleinen Enkel.

„Opa, kannst du sie mir nicht rausnehmen", bittet de Enkel.

„Du bist wohl zu schüchtern?", fragt der Opa.

„Nee, Opa. Aber deine Hand ist größer!"

Die jüngere Generation ist der Pfeil,
die ältere der Bogen.

John Steinbeck (1902–1968),
US-amerikanischer Schriftsteller

Fit wie ein Turnschuh

Um in Form zu bleiben, geben manche Menschen ein Vermögen für Bauch-weg-Trainer, Body-Former und andere Fitnessgeräte aus. **Das Geld können Sie sich getrost sparen.** Sie haben ja ein Enkelkind! Schon auf dem Weg zum Spielplatz verbrennen Sie einiges an Kalorien. Noch viel mehr Energie verbrauchen Sie dann bei den vielen Kurzstrecken-Sprints, die Sie dort zurücklegen, um Ihr Enkelkind in letzter Sekunde davor zu bewahren, einen Eimer voll Sand zu essen, mit Schwung von der Schaukel zu fallen oder unfreiwillig Bekanntschaft mit einem Kampfhund zu machen.

Opas Fitnessübungen mit Enkelkindern:

0-1 Jahr:

„Heißa hopsasa": das Enkelkind in die Luft werfen und wieder auffangen

1-5 Jahre:

„Engelchen flieg": das Enkelkind an den Armen fassen und im Kreis drehen

5-9 Jahre:

„Pferdchen lauf Galopp": mit dem Enkelkind auf den Schultern durch die Gegend traben

9-12 Jahre:

„Oh my god": beim Anblick des Enkelkindes die Hände über dem Kopf zusammenschlagen (schräge Frisur, schrille Klamotten, neues Piercing)

Du musst selbst wachsen, egal, wie groß dein Großvater war.

Abraham Lincoln (1809 –1865), US-amerikanischer Politiker

Opa, wir haben ein Problem!

Der Altersforscher Heribert Engstler vom Deutschen Zentrum für Altersfragen nennt Großeltern „die Feuerwehr der Familie". Denn Opa und Oma werden immer dann gerufen, wenn Not am Mann ist. Streng genommen müsste es natürlich „Freiwillige Feuerwehr" heißen, denn ein Großvater ist nicht nur einer der besten Babysitter, die man sich wünschen kann, sondern auch der günstigste! Stundenlohn: null Euro! Angenommen, Sie hüten Ihr Enkelkind zweimal in der Woche für jeweils vier Stunden, und zwar so lange, bis es Teenager ist, dann sparen die Eltern exakt 32 448 Euro (bei einem Stundenlohn von 6 Euro). Eine beeindruckende Zahl – und ein prima Druckmittel, sollte Ihr Kind eines Tages auf die Idee kommen, Sie ins Altenheim abschieben zu wollen.

Opa, sing bitte leiser, ich will schlafen!

Zum Aufgabenbereich eines Großvaters gehört es, sein Enkelkind in den Schlaf zu singen. Die dafür geeigneten Klassiker kennen Sie natürlich aus Ihrer Zeit als junger Vater in- und auswendig. Und auch heute funktionieren diese Evergreens noch ganz hervorragend. Wer allerdings schon gefühlte 10 000 Mal in seinem Leben singend davon berichtet hat, dass der Mann im Mond zuschaut, wenn die kleinen Babys schlafen, der läuft Gefahr, vor lauter Langeweile schneller einzunicken als das Enkelkind.

Als Gute-Nacht-Lied geeignet:

„Guten Abend, gut' Nacht"

„Weißt du, wie viel Sternlein stehen"

„La le lu"

Als Gute-Nacht-Lied weniger gut geeignet:

„Highway to Hell"

„Wir machen durch bis morgen früh"

Alles von „Rammstein"

Da lacht der Enkel

In der Schule geben die Mädchen mit ihren Großeltern an: „Mein Großvater ist 80 Jahre alt, kümmert sich selbst um den Garten und macht seine Einkäufe noch allein!"

„Mein Opa ist 84 und hat gerade wieder das goldene Sportabzeichen gemacht!"

„Mein Opa ist 92 und rennt jeder Frau hinterher, er weiß nur nicht mehr, weshalb!"

Die Hälfte des Lebens verbringt der Mensch damit, die falschen Vorstellungen seiner Vorfahren loszuwerden; die andere damit, seinen Kindern falsche Ansichten beizubringen.

Winston Churchill (1874–1965), britischer Staatsmann

Alle lieben Opigami

Als Großvater sollten Sie sich frühzeitig mit Falten vertraut ma
chen – und zwar nicht nur mit denen in Ihrem Gesicht. Das Stich
wort lautet „Origami" oder in Ihrem Fall passender: „Opigami".
Doch wie gingen noch mal Schiffchen und Flieger? Hier eine
kleine Erinnerungsstütze, denn wer in der Lage ist, aus einem
Blatt Papier in Sekundenschnelle ein funktionsfähiges Spielzeug
herzustellen, der steht bei seinem Enkel hoch im Kurs!

Modell „O.P.A. Force One"

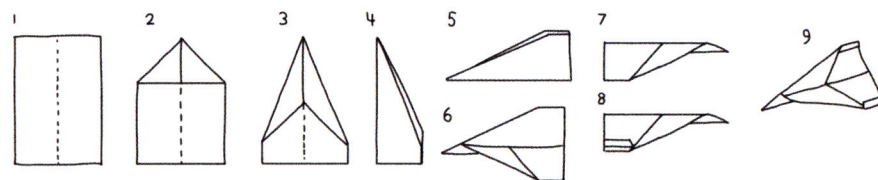

Modell „Papier-Titanic"

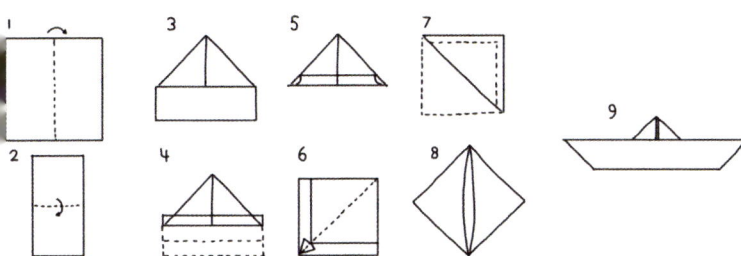

Und als Zubehör für „Papier-Titanic": „Papier-Eisberg"

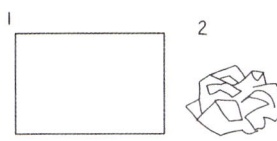

Genießen Sie das Opa-Sein

Kinder sind ein großes Geschenk und bereichern das eigene Leben ungemein. Das gilt natürlich auch – vielleicht sogar ganz besonders – für Enkelkinder. Genießen Sie jeden Moment mit Ihren Enkeln: Schauen Sie ihnen beim Aufwachsen zu, helfen Sie ihnen dabei, wo es nötig ist, und schenken Sie den kleinen Menschen das Wertvollste, das Großeltern haben: nicht Gold, Geld und Familienschmuck, sondern: Zeit, Geduld und Liebe!

Drei Dinge sind uns aus dem Paradies geblieben: die Sterne der Nacht, die Blumen des Tages und die Augen der Kinder.

Dante Alighieri (1265–1321),
italienischer Dichter

Textnachweis:
S. 2: Erich Kästner, „Gesang zwischen den Stühlen". © Atrium Verlag,
Zürich und Thomas Kästner
S. 17: Erich Maria Remarque: „Das unbekannte Werk. Frühe Prosa,
Werke aus dem Nachlass, Briefe und Tagebücher". Herausgegeben
von Thomas F. Schneider und Tilman Westphalen. © 1998, Verlag
Kiepenheuer & Witsch GmbH & Co. KG, Köln

In einigen Fällen war es nicht möglich, für den Abdruck der Texte die
Rechteinhaber zu ermitteln. Honoraransprüche der Autoren, Verlage
und ihrer Rechtsnachfolger bleiben gewahrt.

MIX
Papier | Fördert
gute Waldnutzung
FSC® C018236